Aus dem Skizzenbuch einer Kriminalbeamtin

Willy – Domspatz?

von Berta Rathsam

Impressum

Bibliografische Information der Deutschen Nationalbibliothek: Die Deutsche Nationalbibliothek verzeichnet diese Publikation in der Deutschen Nationalbibliografie; detaillierte bibliografische Daten sind im Internet über dnb.dnb.de abrufbar.

Bilder: CC0 Quelle Pixabay und Privatfotographien
Herstellung und Verlag: BoD – Books on Demand, Norderstedt

ISBN 9783746065281

Den Willy haben sie mir im Zeiserlwagen mitgebracht. Er wurde heute bei der sonntäglichen Frühstreife im Hohengebrachinger Feldstadel aufgegriffen. Willy ist Fürsorgezögling. – Doch das muß ich von vorne erzählen.

Der Winter war so kalt in diesem Jahr, daß die Flüsse einfroren und die Vögel aus der Luft herunterfielen. Die Sterne haben selten so gezittert in der Kälte und der Schnee hat laut geschrien.

Solche Winter werden vermerkt in der Chronik von Regensburg, wo die Donau tot und starr gebannt ist unter einer grüngläsernen Eisdecke sogar um die Joche der Steinernen Brücke. Da könnte man der Brücke entbehren, wenn man von Stadtamhof nach Regensburg herüber will.

Aber zum Frühjahr hin ist doch jedesmal die gleiche Angst, wenn so ein Eisstoß geht, daß die Brücke mitgehen könnte. Darum wollten die Regensburger Schildbürger in früheren Zeiten einmal einen Eisstoß mit Petroleum anzünden.

Um die Faschingszeit war es. Der Fasching war ruhiger in dem Jahr. Die Masken huschten nur geduckt über die Straßen, lautlos und vereinzelt. Nacht für Nacht aber - einmal früher, einmal später - kam eine hagere Frau über die Brücke mit ihrem zehnjährigen Jungen. Sie trug einen Tiroler Hut mit einem Gamsbart über dem Schopf. Der Bub war auch ein kleiner Tiroler. „Mutter", sagte er dann wohl auf der Brucken, „gehn wir zuerst in die Traubn?" Und wenn keine Antwort kam: „Mutter, der Wind weht gar so kalt!"-

„Halt's Maul!" knurrte sie ihn dann wohl an und steckte die Nase noch tiefer in ihr Wolltuch. Dann lief der Junge wieder eine Weile still neben den langen Schritten seiner Mutter – am Brückenmännchen vorbei, das nackt und steinern auf seinem Dächlein sitzt mit dem handgeschützten Blick zum Dom hin.

Brucktor

„Schuk, wie heiß!" sagt es, ob die Hungersteine bei Deggendorf aus dem ausgetrockneten Donaubett zum Vorschein kommen, oder ob der Schnee in die Augen stäubt wie Splitter und Glas und der Fluß über Winzer und Mariaort hinaus öd liegt, unheimlich wie gestorben. Dann kam Willy durchs Tor vom Brückenturm, der wie ein drohender Wächter am Eingang zur Altstadt steht mit dem Finkler an der Fassade. Dem sitzt zutraulich und steinern nun schon achthundert Jahre ein Vogel auf der Hand. Von der häuserengen Brückestraße herab trutzte das Goliathhaus, eine mächtige Patrizierburg.

„In die Traubn gehen wir jetzt", sagte ungut die Mutter, „daß du fein munter bist und fest springst!" Ängstlich duckte sich der Knabe. In den

Wirtsstuben wirkte er keck und geübt: wie er zum Wirt trat sein Anliegen vorbrachte, wie er dann die Musiker um ein paar Steirische anging, schuhplattelte, zwischenhinein juchzte, jodelte und sang, und wie er zum Schluß mit seinem Tiroler Hütl von Tisch zu Tisch sammelte. Die Mutter stand dabei und überwachte.

„Ich bin so müd; gehn wir nicht bald heim? Mich friert so, Mutter!" Aber im Bären ist noch Hausfastnacht, im Blauen Hecht und in der Goldenen Ente. Man muß die Zeit ausnützen. Fasching ist nicht das ganze Jahr. Es ist nur selten Ernte.

Das Licht tut fast weh nach den weiten Gängen durch die Winternacht. Aber warm ist es, überhitzt. Willy hustet. Die schmächtigen Schultern stoßen unter der Tiroler Joppe.

„Da, Bua, trink an Schnaps!" sagt gutmütig der Wirt: „bist eh nimmer mobil. Wo seid´s denn her? Von Tirol? Seid´s keine Hiesigen also?"- „Ha" sagt hart das Weib, als wär schon zuviel geredet. Einen Landler tanzt der Bub: zum zweiten muß ihn die Mutter stoßen. Die Männer gröhlen, die Weiber kreischen. Es ist Vormitternachtsstimmung. Wie sie zur Goldenen Ente wandern die zwei, schlagen die Turmuhren zwölfe.

Der Fasching ging bald zu Ende. Da kam eine Mitteilung, daß eine Frau ihren Jungen in die Wirtshäuser nachts zum Schuhplatteln schleppt. Tiroler. Keine Hiesigen. Mehr wußte niemand von der Frau. Ein Zufall führte mich auf die richtige Fährte. Es waren keine Tiroler: sind Hiesige, sogar waschechte Reinhausener.

Im Kaufhaus Schocken - Merkur heißt es heute - wurde er beim Stehlen erwischt, der Willy. Ich wurde in der üblichen Weise telefonisch gerufen und holte ihn aus dem Schreibzimmer des großen Kaufhauses, in dem es geschäftig geht den ganzen Tag wie in einem Ameisenhaufen. Auf der Hintertreppe gingen wir hinunter, der Willy einträchtig und gesichert an meiner Hand. Unser Weg führte über den Neupfarrplatz, auf dem sich nun bald wieder die Obststände, die Blumen, Beeren und Schwammerln aus Gärten, Wiesen und Wäldern der ganzen Regensburger Umgebung um die Kirche zur schönen Maria versammeln werden, er führte weiter die Bachgasse hinein, unter welcher der Vitusbach der Donau und dem schwarzen Meer zueilt. Nach dieser völkergeschichtlichen Überquerung kamen wir zum Durchgang vom Regensburger Brauhaus, dann Vor die Grieb, wo sich allmählich die Kinder aus sämtlichen Gassen der Nachbarschaft frühlingsgemäß wieder einfinden werden zum Schussern, Hüpfen, Springen, Schreien ... Die Kleinen singen und ringelreihn: „Mariechen saß auf einem Stein" oder „Auf der Donau bin ich gfahren." Das ist die Begleitmusik in meinem Amtszimmer der Polizeidirektion. Mein anderes Fenster geht über den Haidplatz hin.

Es wurde eine lange Vernehmung: nicht etwa, weil der Willy zugeknöpft gewesen wäre, o nein. Sein junges Leben war nur sehr bewegt schon. Die Schule war so Nebensache; etwa nur als Treffpunkt gedacht. Hernach zogen sie los, eine kleine Garde. Willy war der Jüngste und durfte nur dabei sein, weil sein dreizehnjähriger Bruder ein Rädelsführer war. „Warenhausdiebstahl" heißt es beim Erwachsenen. Bei Knaben so um die Grenze der Strafmündigkeit herum hat es schon diese üble, bedenkliche Richtung. Es kann noch anklingen an das Äpfelstehlen der Bauernbuben. Oder doch nicht so. Es ist städtisch, zivilisiert. Man kann deutlich bei jedem Einzelnen unterscheiden, ob es gesund auswächst wie beim Äpfelstehlen oder bedenklich in die Richtung zum Warenhausdieb oder Taschendieb biegt.

In seinem Schulhochdeutsch antwortete mir der Willy. Im Eifer fiel er manchmal ins oberpfälzer Platt. In Eifer geriet er, wenn er an seinen größeren Bruder dachte: „Der schiebt bestimmt wieder alles auf mich!" Nein, selber gestohlen hat der nichts. Er hat nur immer geschaut, ob uns niemand beobachtet und dann hat er gesagt: „Etza!" Wie der Willy erwischt wurde, haben sich er und die andern davon geschlichen, die Treppe hinunter, ins Freie. - Wenn sie jedoch in die Kirchen gingen an die Opferstöcke oder sonst eine technische Notwendigkeit war, konnten sie den Willy nicht brauchen. Da lief er gewohnheitsmäßig nur manchmal mit.

Zutunlich erzählte er und über seinem Erzählen lag ein leiser Glanz. Der Vater hat keine Arbeit, die Mutter hat auch keine. Aber eine Geiß haben sie zu Hause und ein paar Stallhasen. Und ob er denn nichts zum Anziehen hat wie die dünne, zerrissene Joppe? Nein, schüttelt er den Kopf. Aber plötzlich erinnerte er sich: „Ein feines Tiroler Gwandl hab ich noch!"...Tiroler? Tiroler? stieg es mir aus dem Gedächtnis. „Du, Willy", sagte ich unvermittelt, „wo gehst du denn immer mit deiner Mutter zum Schuhplatteln hin?" Da verschließt sich plötzlich sein Gesicht. Er ist mit der Mutter nie tanzen gegangen. Schuhplatteln kann er gar nicht. „Aber Willy!" Er schaute mich hilflos an, dann erzählte er vom Bären, vom Blauen Hecht, der Goldenen Ente und von vielen anderen Wirtschaften in allen Windrichtungen. Bis auf den Keilberg hatten sie sich gearbeitet, wo die Lichter von Regensburg, Schwabelweis und Tegernheim unter ihnen lagen und die ganze nächtliche Schneelandschaft über den dunklen Scheuchen zum Bayrischen Wald hin.

Dann brachte ich den Willy nach Hause. Er schlief in einem dunklen Loch im Bett bei seiner Mutter. Die ist heruntergewirtschaftet. Früher war sie eine bekannte Dirne. Der Vater ist nicht besser. Manchmal bekam der Willy mehr Prügel wie zu Essen. Der größere Bruder und die fünfzehnjährige Schwester balancierten sich glücklicher durch die Verhältnisse.

In der Schule erkundigte ich mich nach all den beteiligten Knaben. Die Prognosen lauteten verheerend. Nur bei Willy war es anders.

16

Man könne nicht begreifen, daß ein Kind aus solchen Familienverhältnissen einen so netten Charakter und ein so gutes Gemüt besitze. Das Stehlen sei sicher mehr den Umständen als der Veranlagung zuzuschreiben. Intelligent sei Willy auch. Nur habe er die letzte Zeit manchmal gefehlt. Oft komme er verweint in die Schule. Aber es sei nichts aus ihm herauszufragen.

Ich machte meine Berichte an das Jugendamt, meine Anzeigen. Kinderschutzgesetz! Das Material häufte sich. Für Willy kam umgehend der Beschluß auf vorläufige Fürsorgeerziehung. Er wurde in eine Anstalt gebracht in der Rheinpfalz mit anständigen Kindern. Ein sauberes Bett, genug zu essen, die Behandlung ruhig und voll Güte ... Wie im Himmel mußte der Willy sein.

Statt dessen sitzt er mir als Ausreißer gegenüber, durchgebrannt aus der Anstalt. Feindselig wie von einem kleinen, wilden Tier funkelten seine Augen. Sonst war sein Gesicht müde und blaß. „Wenn ich nicht gerastet hätte gestern Nacht, hätten sie mich nicht erwischt. In zwei Stunden wäre ich daheim gewesen." Mir sind diese Feindseligkeit, dieser wilde Trotz nicht unangenehm, wo ich ihnen begegne. Es steckt mehr Weichheit, mehr Hilflosigkeit und Sehnsucht nach Güte dahinter, als man ahnen möchte. Auch Willy wurde still und verträumt, ganz schluchzendes Kind. „Immer hab ich daran denken müssen, wie damals unser Schnauz wieder kommen ist. Sogar Mutter hat sich gefreut. Da hab ich gedacht, sie wird auch bei mir nicht schelten."

Daß Kinder so sicher Wege finden können! Ist im Heimweh gehen wie Traum wandeln? Die Landstraßen sind endlos, die Nächte unheimlich und so vieles ist, das aufhalten möchte auf dem Weg nach Hause. Aber das Heimweh hungert und friert und fürchtet sich durch. Ist wie bei dem kleinen, struppigen Hund, der die Landstraßen herauf irrte, die Schnauze immer am Boden. Ob man den Willy auch so freudig empfangen hätte?

Sein Heimwehwort hatte mir irgendwie in die Seele gegriffen. Ich mußte aufstehen und - selber ein wenig hilflos - an das Fenster treten. Über dem alten Brunnen mitten auf dem Haidplatz hielt Justitia die Waage in das Sonnenleuchten. Blaue Petunien hingen über den achtgeeckten Brunnenrand. Ein wunderbarer Raum, dieser

Haidplatz, für all die Schicksale, die hier abliefen oder einen Zwischenakt spielten, groß genug diese Schicksale, daß sie Geschichte werden konnten.

Haidplatz

Karl V., Don Juan d'Austria, Barbara Blomberg. Aus den Gassen von Regensburg, der Kramgasse, dem Roten Herzfleck, der Hundsumkehr, dem Gäßchen ohne Ende kommen die Bürger und säumen den Glanz der historischen Ereignisse, der Reichstage..... Die Barbara Blomberg bleibt drin stehen, weil sie ein Kaiser zu seiner Geliebten nimmt. Schwerer erkämpfte sich der Obrist Schaffgotsch als Wallensteinscher Verschwörer durch seine Enthauptung auf dem Haidplatz seinen Eingang in die Geschichte. In dem Haus, wo ich jetzt am Fenster stehe, führte Doktor Eck berühmte Religionsdispute ....

Willy, kleines Schicksälchen, was wird aus dir? Soll ich ihn beim Handgelenk nehmen, mit der Straßenbahn nach Kumpfmühl bringen in das

Städt. Altersheim, bis ihn das Stadtjugendamt in die Pfalz zurückbefördern kann? Die Frau Oberin im Altersheim hat ein mütterliches Herz und läßt den Willy mit sich durch den riesigen Garten und das große Haus laufen. Für die vielen, nicht bewachten Stunden kann er zum Lesen, Schlafen oder Basteln in ein vergittertes Stübchen gesetzt werden. Wäre eigentlich konsequent und erzieherisch für den Ausreißer – Willy. Die Kaiserherberge zum Goldenen Kreuz mit dem massigen Wehrturm zeichnete scharf ihre Zinnen in den blauen Sommerhimmel.

„Willy", sagte ich und nur, daß etwas gesagt ist, „wie hast denn überhaupt heimgefunden nach Regensburg?" Er weiß es selber nicht; und auch nur, daß so ungefähr etwas gesagt ist: „Ich hab immer denkt, der Hansl könnt daher kommen aus meiner Klaß."- „Der Hansl?"- „Der hätt mich sicher mitgenommen, wenn er auch sonst nicht gehen darf mit mir." Ich blickte fragend und verständnislos. „No, der Hansl ist doch ein Domspatz. Die fahren immer mit ihrem Omnibus umanand, bis – bis – bis zum Nordpol!"- „Aber Willy, was tätens` denn am Nordpol oben?!" Der Willy wurde demütig und handelte weg: „Bis nach Frankfurt aber schon?"- „Viel weiter schon, Willy. Bis Frankreich..., Italien..., Amerika..., Spanien..." Der Willy staunte den Begriffen aus seinem Geographiebuch mit großen Augen nach.

„Möchtest etwa auch ein Domspatz sein?" mußte ich unwillkürlich fragen. Der Willy stürzte in die Wirklichkeit zurück: „Mögen!!!" und sein Gesicht hatte gleich wieder den Schimmer, als säßen die Begriffe, denen er vorhin wie ziehenden Vögeln nachstaunte, nun vor ihm wie große Wunschträume, die auffliegen, sobald er nur danach greift. „Tätst auch nur davonlaufen, Willy, wennsd´ bei den Domspatzen wärst!"– „Na, da neet, da aber gwiß neet" beteuerte er mit einem ergreifenden Ernst.

Drunten auf dem Haidplatz versank mir die Historie, wo der edelsinnige Hans Dollinger den hunnischen Heiden Craco aus dem Sattel hebt. Von der Ludwigstraße sah ich jetzt am mittelalterlichen Kaufmannshaus Pflaum die rote

Geranienzeile von den vorspringenden Erkerfenstern heraufleuchten. Ich setzte mich wieder an den Schreibtisch. „Willy", sagte ich, „was weißt denn du von den Domspatzen. Die müssen fest arbeiten, bis sie nur überhaupt im Dom singen können." Doch Willy weiß alles ganz genau. Er hat es sich vom Hansl erzählen lassen, wenn sie heimlich hinter den Weidenbüschen saßen. Der Hansl ist sein Freund. Nur durchgehauen wird er daheim, wenn er gesehen wird mit ihm, sagte der Willy. Er weiß deshalb auch, daß so einer wie er nicht genommen wird bei den Spatzen. „Aber schönere Namen haben wir. Meine Mutter sagt, die Meier-Kinder haben gescherte Namen: Marie und Kathl und Waly und Cenz und Hansl und Michl und Sepp." Mir fällt ein, daß die Geschwister vom Willy (eigentlich Friedrich Wilhelm)

Brunhilde und Siegfried heißen. Er hat auch schon einmal öffentlich singen dürfen, erzählt er. „Da hat der Fürst Alba von Thurn und Taxis mit seiner Gemahlin Margarete die diamantene Hochzeit gefeiert. Mei haben die gefunkelt, wie sie auf die Altane getreten sind! Und die Augen haben ihnen geglänzt, so schön haben wir gesungen, tausende von Schulkindern im Schloßhof drin. Du, (sagt er in seinem Eifer - stolz:) das hat fei unser Lehrer Franz Johann Biersack gedichtet und ein anderer Lehrer, Rudolf Eisenmann heißt der, hat es komponiert. Komponieren heißt man, wenn man es so macht, daß man es singen kann", erklärt er mir.- „Aha!"- „Hernach hat jedes Schulkind eine große Tafel Schokolade kriegt vom Fürsten. Der ist ja so reich und hat ein gutes Herz für die Regensburger, sagt meine Mutter."

Drüben in Sankt Emmeram begannen die Glocken zu läuten, schwer und feierlich, weil ja heute Sonntag ist. Der Willy erzählte wie ein hell klingender Sommerbach mitten durch Wiesen: von den Schlössern des Fürsten, von den roten Lakaien, die an den Eingängen mit Dreispitz und silbernen Stäben stehn, von der fürchterlichen Fronleichnamsprozession über Schloßhof und Emmeramsplatz. In seiner Phantasie spiegelte sich die Thurn und Taxis'sche Post vor dreihundert Jahren mit gelben Kutschen und Reiterkurieren über ganz Europa hin.

Ich ordnete noch einiges und wartete auf ein paar Telefongespräche. Zum offenen Fenster herein wogten jetzt die Domglocken und der Willy stolzierte in seinem Geplauder durch die himmelstürmende Gotik des Doms mit den prächtigen farbigen Kirchenfenstern. In das Geleuchte fluten die Gesänge der Domspatzen – Palästrina voran – wie Gold. Die Heiligen lauschen hoch auf ihren Postamenten, der Verkündigungsengel lächelt und Maria – fast in Abwehr – steht jungfräulich groß.

„Du singst doch auch gern", sagte ich zum Willy, als sein Gedankenpfädlein wieder zum Hansl und den Domspatzen einbog; „was singst denn am liebsten?" Das war für den Willy eine Frage mitten ins Herz. „Mei, viel!" meinte er entzückt. Dann sich besinnend: „Das Schönste ist......." Nun stellte sich er an das Fenster und sang mit inbrünstiger Begeisterung, daß ihm die Ohrwaschln rot wurden davon: „Weißt du, wieviel Sternlein stehen an dem blauen Himmelszelt?" Beim ersten Ton schon mußte ich den Kopf heben, staunen. Eine Stimme – wie Lerchenlied – rein und mit vollem Klang. Ein Kollege öffnete einen Türspalt, schüttelte den Kopf und zog sich wieder zurück. Draußen auf dem Gang flatterte das lose Gelichter, das man mit dem Willy auf den Feldscheunen aufgestöbert hatte.

Auf meinem Schreibtisch steht eine seltene Orchidee, ein Frauenschuh, wie sie in den Wäldern um Regensburg noch manchmal wachsen. Man hat sie dem Willy vom Knopfloch herausgenommen. Geschützte Pflanze! Wie soll der Willy je die Grenze begreifen vom Erlaubten zum Verbotenen hin? Damals bei seinem Verhör vor etlichen Monaten stand er in seiner Erzählung vor einem Beichtstuhl der Alten Kapelle. Die vielen goldenen Engel, die beschwingte Madonna mit dem Jesuskind, jauchzend Rokoko, das zog den Willy an, ohne daß er es wußte. Außerdem wer es praktisch gleich in der Nähe des Kaufhauses Merkur zu sein, weil man sich nach der Beichte zum Stehlen zusammen bestellte. „Am nächsten Tag habt ihr kommuniziert?" fragte ich entsetzt. Der Willy stellte sich stramm, meldete: „Wir haben dazwischen bereut!" O Willy!

Dabei kann er singen wie – wie - Ein Domspatz könnte er sein von der allerersten Garnitur. Die nächste Gretel für die Märchenoper von Humperdinck, welche Domkapellmeister Schrems für sein kleines Ensemble entdeckte. „Brüderchen komm tanz mit mir!" Der Willy singt mit

Hingebung die zweite Strophe von den Sternlein, die am Himmel stehen..... Wenn nur das andere nicht wäre beim Willy: das Stehlen, das Streunen, seine Familie.... Fürsorgezögling! So etwas hat doch niemals Platz unter den anständigen Spatzen. Wird auch nicht bezahlt auf Fürsorgekosten.

Mechanisch hänge ich das Telefon aus: Dompräbende. „Frau Oberin, ist Herr Professor in Regensburg?" Ja, morgen, Maria Himmelfahrt, Feiertag; am besten zu sprechen nach dem Pontifikalamt im Dom. „Danke!"

„Beide Hände lege ich für den Willy ins Feuer" werde ich sagen, wenn ich mit Dr. Schrems vom Domgarten weg durch die Ostengasse gehe. „Seine Familie halte ich Ihnen auch vom Hals." Selbst mit seiner Mutter werde ich fertig; sie hängt ja doch an ihrem Buben. Hab ich die Mutter, hab ich die ganze Familie. „Nur anhören wenn sie ihn täten, Herr Professor!", werde ich bitten. „Darf ich Ihnen den Willy zum Vorsingen bringen?" Bei der kgl. Villa könnte es vielleicht oder sicher so weit sein, daß zum Vorsingen lachend „ja" gesagt wird. Dann werde ich sofort umkehren und den Willy bei der Bubenschwester Ulrike von Sankt Leonhard holen. Hört aber Dr. Schrems den Willy singen, dann ist alles gewonnen. Dann hat er sicher auch einen Freiplatz für solch einen armen Spatzen. Außerdem verdient sich der Willy bestimmt seinen Futterplatz mit dem Singen bald selber.

Auf und ab steigen mir die Engel auf der Himmelsleiter, wo Hänsel und Gretel verirrt und verlassen im Wald schlafen. Die Gretel hat eine Orchidee in der Hand, einen Frauenschuh. Man findet die seltenen Blumen, wenn man in den Wäldern so zu Hause ist wie Hänsel, Gretel und Willy. Türkenbund, Salomonsiegel, Kuckucksblume, Diptam,Knabenkraut, Akelei - wunderbare Blumen wachsen um Regensburg hinein in Jura und Bayrischen Wald. Apollo, den Schmetterling, hat Willy schon manchmal großaugig auf den Blumen gesehn ... Nein, er kann es nicht wissen, welche Pflanzen und Tiere polizeilich geschützt sind in den heimatlichen Fluren, wenn er ohne elterliche Zucht Beeren, Schwammerln, Kräuter, Buddlküh sucht oder an den Ufern von Regen, Donau und Naab auf Fische und Abenteuer spechtet. Ist ihm auch das andere bunt durcheinander: sein Strolchen durch die alte Stadt: durch Gassen, Kirchen, Wirtshäuser, Schiffe und Hafen und durch die Mai- und Herbstdult auf dem Protzenweiher mit den drehorgelnden Karussells, den marktschreienden Schaubuden und den farbigen Trauben der Luftballons, die wie angebundene Kähne schaukeln, während aufgeblasene Schweinchen schreien, quieksen und ersterben. Hat er nach all dem Heimweh gehabt, als er durchbrannte drüben in der Rheinpfalz? Man müßte es ihm in Ordnung setzen; denn im Grunde haben die Dinge bei ihm den rechten Glanz.

Anerkennend blickte ich zu ihm, wie er sein Lied zu Ende hatte von den Wolken, Sternen und Kindern, die Gott der Herr gezählet hat, daß auch nicht eines fehlt. „Willy", sagte ich, „weißt, daß ich es gut mit dir meine?" Er nickte überzeugt. „Auch wenn ich dich nicht heimlassen darf?" Er nickte verständnisvoll, kennt er doch sein Daheim. „Eigentlich müßte ich dich einsperren, Willy; ich tu es nicht. Kannst dir denken, daß ich Schwierigkeiten bekäme, wenn du wieder durchbrennen würdest." Der Willy schaute, als müßte er mich ritterlich gegen Drachen beschirmen. „Gehn wir!" sagte ich voll Sicherheit. Er sprang mir voraus, die Wendeltreppe hinab von dem uralten Gebäude, in dem die Polizeidirektion untergebracht ist. Über die prachtvoll durchbrochenen Arkadengänge in zwei Stockwerken hingen die blauen Petunien um einen alten Hof. Der Willy sprang voraus und wieder zu mir wie Schnauz, der heimgekommen ist. Er wird mich nicht enttäuschen, wenngleich er nicht ahnt, was ich brennend vorhabe mit ihm. Wird nicht leicht sein, es gegen alle Amtsgewohnheiten durchzusetzen.

Willy - Domspatz!

Der Mond steht wunderbar schmal und fein im Abendhimmel, wie ich jetzt mein Skizzenbuch schließe. Traumschiff, das anlegt, um alle Wünsche mitzunehmen zu einem sicheren Ziel.

Berta Rathsam

Pionierin der weiblichen Kriminalpolizei (WKP)

Zu meiner Person: Wenn ich in einem Interview mit einer weiblichen Kraft der Kriminalpolizei lese, wie eifrig sie betont, daß „Ausbildung, Lohn und Arbeit die gleichen sind wie bei männlichen Kollegen", dann weiß ich, daß in dieser Stadt der eigentliche Sinn einer qualifizierten WKP, wie er sich im alten Deutschland durchzusetzen begonnen hatte, zerschlagen blieb. Der Anfang damit wurde bereits im Dritten Reich gemacht, als nationalsozialistische Schulung und Kirchenaustritt erste Voraussetzung wurden.

Als Oberbürgermeister Dr. Hipp mich 1927 telefonisch zu sich bestellte - ich hatte seit 1.4.1926 als staatlich anerkannte Wohlfahrtspflegerin das neu errichtete Stadtjugendamt mit aufgebaut -, fragte er mich, ob ich einverstanden sei, wenn er mich ganz zum Polizeiamt versetze, das mich bisher schon zur Vernehmung von Kindern und Jugendlichen angefordert hatte. Es sei ein Pionierposten, aber ich brächte die nötige Fähigkeit und Ausbildung dafür mit.

Ich war damals von meinem staatlichen Examen in Heidelberg (als Einzige mit 1) gekommen der Fachhochschule für Sozialwesen mit einem Teil des Unterrichts als Vorlesungen an der Universität, wobei ich zusätzlich zu Rechtskunde, Sozialhygiene usw. in die Vorlesungen ging z.B. über Gefängniswesen bei v. Jagemann und Kriminalpsychologie und Psychiatrie bei Homburger, und bei der Polizeifürsorgerin in Heidelberg praktizierte.

Vorher war ich mit meinem früheren pädagogischen Examen drei Jahre Hauslehrerin in Wiesbaden in einem Haus der Großindustrie, wo viel gereist wurde und man deshalb eine eigene Lehrkraft benötigte. Als ich die beiden Söhne bis zum Einritt ins Gymnasium gebracht hatte, war ich – selber jugendbewegt – noch einen Sommer lang Jugendleiterin in dem damaligen Kinder - und Jugenderholungslager auf dem Heuberg (Belegung: fünftausend Kinder in den Steinbaracken des früheren Truppenübungsplatzes auf der Schwäbischen Alb).

Regensburg, den 26.Januar 1926.

An

den Herrn Leiter des Stadtjugendamtes

R e g e n s b u r g .

Betreff:

Bildung des Stadtjugendamtes.

Die unterzeichneten Verbände ersuchen für/das Stadtjugendamt als

Mitglied

Jugendfürsorgerin Berta Rathsam (geb. am 20.2. 1901, Wohnung :

Regensburg, Schottenstrasse Nr. 7 / II) und als Vertreter

Oberstadtsekretär ██████████████ (geb. am ████████ Wohnung:

Regensburg, ████████████████████) vorschlagen zu dürfen.

Das vorgeschlagene Mitglied Berta Rathsam hat das staatliche Examen

in der Wohlfahrtspflege in Heidelberg mit " sehr gut " bestanden und

war vorher drei Jahre lang als Hauslehrerin tätig gewesen.

Die unterzeichneten Verbände haben sich seit mehr als drei Jahren

in Regensburg mit Jugendwohlfahrt befasst und sind behördlicherseits

als Verbände für " Jugendwohlfahrt und Jugendbewegung " staatlich

anerkannt. Sie führen zusammengerechnet mehr als 250 Jugendliche aus

allen Kreisen der Bevölkerung.

Quickborn   Bayer. Pfadfinder—   Regensburger

Ortsgruppe Regensburg.   bund Regensburg e.V.   Wandervogel: .

                           Kirchenbach

                           1. Vorsitzender.   Otto Metz

                                                   Regensbg. Januar

                                                          1.

                                                   (signature)

41

Und dann interessierte mich die Kriminalistik für mein Weiterstudium noch ehe es einen solchen Beruf für die Frau überhaupt gab.

Hipp erkannte das und griff nach mir mit der Betonung, daß es sich um die Schwierigkeit eines Pionierpostens handle; ich möge ihn gestalten, wie es in anderen Städten üblich sei .... wobei ich allerdings andere Städte nicht als Vergleichsmöglichkeit heranziehen konnte.

Aus meinem Praktikum bei der Polizeifürsorgerin in Heidelberg war mir klar, daß diese Art weiblicher Polizei ein abgesägter Ast war zumal durch das Reichsjugendwohlfahrtsgesetz (RJWG) vom 9.7.1922, das in Baden wie in anderen deutschen Ländern schon einige Jahre vor Bayern in Kraft getreten war mit der Errichtung der Jugendämter; in Bayern eben am 1.4.1926. Ebenso war die Jugendgerichtshilfe durch das Jugendgerichtsgesetz (RJGG) vom 16.2.25 in die

Zuständigkeit der Jugendämter und die Bekämpfung der Geschlechtskrankheiten im entsprechenden Reichsgesetz (RGBG) vom 18.2.27 von der Polizei weg in die Zuständigkeit der Gesundheitsämter verlegt worden.

In Bayern (München) waren jedoch bis weit über die 1937 erfolgte Verreichlichung hinaus noch Polizeifürsorgerinnen (-pflegerinnen) tätig, die sich von ihrem bisherigen Stil nicht trennen wollten, in Nürnberg sogar in Schwesterntracht. Sie waren Teil der Verwaltungspolizei.

Da im Rheinland (Köln) während der Besatzungszeit nach englischem Muster Polizistinnen in Uniform arbeiteten ohne besondere Vorbildung; fand dies Nachahmung auch in anderen deutschen Ländern, z.B. im sächsischen Dresden. Als Wachtmeisterinnen waren sie ein Teil der Schutzpolizei. In badischen Städten wurden einer ausgebildeten Polizeifürsorgerin Polizistinnen zur Hilfeleistung unterstellt.

Mir war klar, daß durch die neue Wohlfahrtsgesetzgebung die „Polizeifürsorgerin" überholt war. Die uniformierte „Polizistin" mit Gummiknüppel lehnte ich ab, weil ich es als verfehlt erachtete, sie auf dem Gebiet der Kraft mit den Männern gleichzuschalten. Dagegen war mir ebenso klar, daß bei einer fortschrittlichen Ausgestaltung des Polizeiwesens ein weites, bisher brachliegendes Arbeitsgebiet neu zu beackern wer, das auf die besonderen Fähigkeiten weiblicher Eigenart gewartet hatte. Es war der Personenkreis der Kinder, Frauen und Jugendlichen, die für die Kriminalpolizei als Täter oder als Opfer in Erscheinung traten. Dadurch konnte das Arbeitsgebiet nicht in einzelne Delikte unterteilt werden wie bei den Männern, die z.B. sogar beim Diebstahl wieder einen eigenen Sachbearbeiter hatten für den Fahrraddiebstahl.

Die Kriminalbeamtin war für sämtliche Delikte zuständig, in die ihr Personenkreis fiel, naturgemäß vor allem bei Sittlichkeitsdelikten, Kindsmorden, Kinderbrandstiftung, Kindermißhandlung u.ä. Zur fürsorgerischen Weiterbetreuung aber waren die Jugendämter zuständig.

Es war eine sehr klare Scheidung der sozial-psychologischen Bearbeitung der kriminellen Tatbestände durch die WKP und trotzdem eine nahtlos garantierte Weiterbehandlung nach der fürsorgerischen Seite hin an den Jugendämtern.

1. Delikte	2. Anzahl d. Fälle	3. Gesamtzahl d. Personen	4. Beschuldigte Strafunm. b.14.J m.	w.	Jugendl. 14-18 m.	w.	Mindj. 18-21 m.	w.	5. Anzahl d. Fälle	6. Gesamtzahl d. Personen	7. Verletzte, Zeugen Strafunm. b.14.J m.	w.	Jugendl. 14-18 m.	w.	Mindj. 18-21 m.	w.
Mordversuch in Verb.m.Selbstm.																
Selbstmordvers.																
Kindestötung																
Kindesmißhandlg.									4	10	6	4				
Körperverletzung	3	2	2						3	12	10	1			1	
Abtreibung	1	1				1			2	4	2					
Inzest(§ 173 StGB)									1	1					1	
Unz.Handlungen	4	5	2	1	1	1			22	58	12	37			2	2
Notzucht									3	6	1	2			3	
Verführung									1	1						1
Exhibitionismus									7	24	1	18	5			
Rassenschande																
Beleidigung	1	6	6						4	14	2	4	1	2		
Diebst.einfach	66	104	89	5	8			2		12	7	4	1			
Diebst.schwer	2	4	4							11	10		1			
Unterschlagung	4	8	3	5												
Betrug	1	2				2										
Automatenmißbr.																
Sachbeschädigung	4	20	20			1										
Sonst.Delikte																
Brandermittlung																
Sonst.Delikte	5	6	3		1	2			1	4	1	2				1
Summe:																
Davon vorl.Festnahmen weg.krim.Vergehen.																
Zahl der i.Überwachungsdienst Aufgegriffenen:																
Zahl der in pol. Verwahrung Genommenen:																
Sonstige Fälle d.vorbeugenden Tätk.	5	4	2	2												
	96	165	129	13	5	14		2	48	155	60	76	2	17		2

Allerdings war mein Alleingang in Bayern, ja im ganzen Süden, laufbahnmäßig ungleich schwieriger als bei der beginnenden Organisation der WKP in Preußen, zumal Dr. Hipp nach der Verstaatlichung 1929 der bisher städtischem Polizei nicht mehr mein Vorstand war; und bis ich mir beim bayerischen Innenministerium Verständnis und Freunde für meine Arbeit verschafft hatte, 1933 der Nationalsozialismus für mich wie eine Katastrophe hereinbrach, die 1937 durch die Verreichlichung sich erst noch voll auswirken konnte. Daß ich mich bis 1944 behaupten konnte, war meine Arbeitsleistung und waren maßgebliche Freunde, die ich mir auf Grund meiner Arbeit immer wieder erwerben konnte.

Angefangen hatte ich mit Tisch und Stuhl in den damals vorsintflutlichen Räumen der Alten Waag auf dem Haidplatz in der Ecke eines größeren Zimmers, in dem noch zwei männliche

Kriminalbeamte placiert waren.

Meine Kindervernehmungen tätigte ich deshalb allein mit den Kindern in den Sprechzimmern der Schulen. In den Ferien mußte ich erfinderisch sein. Als sehr bald die Staatsanwaltschaft mich auch für den Landgerichtsbezirk anforderte (der sich ungefähr mit Oberpfalz und Niederbayern deckte), vernahm ich manches Kind auf irgend einer Wagendeichsel oder auf einem Feldrain und stenographierte unmerklich mit, die wichtigen Stellen in Dialektausdrücken für das Protokoll.

Meine Erfahrungen legte ich allmählich in Beiträgen nieder für die „Kriminalistischen Monatshefte" (später „Kriminalistik"), der „Zeitschrift für die gesamte kriminalistische Wissenschaft und Praxis, bearbeitet von Dr. Hagemann, Oberverwaltungsgerichtsrat, Lehrbeauftragter für Kriminalistik an der Universität Berlin."

Im Laufe von mehr als einem Jahrzehnt erschienen dort größere Aufsätze von mir, auch in Fortsetzungen, wie: „Kinderaussage", „Kinder in Sittlichkeitsdelikten", „Gegenüberstellung in Sittlichkeitsdelikten?", „Problematische Kinderaussagen", „Eine falsche Kindesaussage aus Rachsucht", „Auch Kinder wollen ihr Recht", „Kind und Verantwortlichkeit" u.ä., die Geheimrat Hagemann mir gegenüber zu der Bemerkung veranlaßten: „Seit ich Ihre Beiträge habe, nehme ich die von Hellwig nicht mehr. Sie haben ihn überholt, Sie gehen neue Wege." Hellwig war glaublich Landgerichtsdirektor in Berlin und hatte sogar ein Buch auf dem fraglichen Gebiet herausgegeben.

In meinem Beitrag „Noch einmal: psychologische Sachverständige?" halte ich es „für unpsychologisch, den psychologischen Sachverständigen als neue und dritte Person den Kindern gegenüber in das Verfahren einzubauen."

Ich plädiere auf den psychologischen Sachbearbeiter, der von vorne herein die einwandfreie Erst - und damit einmalige Vernehmung garantiert, und das müsse die voll ausgebildete Kriminalbeamtin sein.

In meinem Beitrag „Kindsmörderin ohne Kind" bekam mir ein "Decretum, die Verheelung der unehelichen Schwangerschaft betreffend" vom 18. Okt. 1746 als staatskluge Regelung lebendige Bedeutung.
Ich schrieb Aufsätze über „Töchter in Blutschandeprozessen" und über Kindes- mißhandlungen, darunter „Sadistische Kindes- mißhandlung", die auch in Blättern der Jugendfürsorge lebhafte Diskussion auslösten und in der „Rundschau" darauf Bezug nehmend ausführliche „Hinweise" brachten und in der „Deutschen Justiz".

Der Herausgeber der Zeitschrift der Verbände für

„Deutsche öffentlich-rechtliche Versicherung", Verlagsort Potsdam, erbat meine Mitarbeit, die ihren Niederschlag fand in „Kinder als Brandstifter und Brandleider", worauf der Brandsachverständige der Zeitschrift mich für sein Ressort um ständige Zusammenarbeit ersuchte und um einen öffentlich gehaltenen Vortrag auf einer ihrer Tagungen, wie dies auch immer wieder von anderen Stellen und mit anderen Themen erbeten wurde.

Ich schrieb über „Geständnisse" und warnte in „Aktenvermerk" vor leichtfertig eingestreuten Beurteilungen, gegen die sich der Betreffende nie wehren kann, obwohl sie in alle Zukunft hinein an ihm hängen wie Bleigewichte eines oft unbefähigten Qualifizierers.

Solche Aufsätze lösten nicht selten Richtlinien aus, z.B. Aktenvermerke mit Begründungen zu versehen.

Meine Erfahrungen über „vorbeugende Tätigkeit an der Jugend", die ich am 20.2.39 in meinem Dienstbereich der Stadt und des Landgerichtsbezirks Regensburg an Stadtjugendamt, Berufsschule, Gendarmerien, Bezirksjugendämter usw. zum Zwecke einer nahtlosen Zusammenarbeit bereits hinausgegeben hatte, wurden die Grundlage zur Polizeiverordnung zum Schutz der Jugend vom 9.3.40, die noch weit über 1945 hinaus ihre Gültigkeit hatte und ihre Brauchbarkeit bewies.

Hinter die Überschrift meines umfangreichen Aufsatzes „Schutz der Jugend, ein kriminalpolizeiliches Problem." setzte ich nicht das Fragezeichen, sondern den Punkt.

Ich schrieb über „§63 RJWG" (Reichsjugendwohlfahrtsgesetz) und in Fortsetzungsaufsätzen „Zum Kapitel Jugendgerichtshilfe" stellte ich heraus, wie lückenlos verzahnt die Aufgaben der Kriminalpolizei mit denen der Fürsorge ineinandergreifen und sich doch klar gegeneinander abheben müssen.

Ich schrieb „Randbemerkungen" über Vernehmungstechnik, über die Behandlung von Kindern und Jugendlichen bei der Polizei, über....... Probleme und Probleme, wie meine vielen sachlichen Beiträge in den damaligen Fachzeitschriften zwanzig Jahre hindurch beweisen, genauso wie andererseits die von mir aufbewahrte Fachkorrespondenz aufzeigt, wie sehr meine Aufsätze des Interesse für die Arbeit der WKP weckten und förderten, sogar im Ausland, z.B. der Schweiz.

Auf Fachtagungen wurde ich von Anfang an gerufen als Delegierte von Bayern und dann weiter natürlich auf die Dienststellenleiterinnen-Tagungen für sämtliche deutsche Städte, die WKP hatten. Daß ich dabei im Süden (Bayern, Baden-Württemberg, Sachsen) trotz allem über zwölf Jahre allein blieb als WKP, während Preußen weiter organisierte, hatte bestimmt einen psychologischen Grund auch in der Voreingenommenheit der Länder gegeneinander. Umgekehrt – von Preußen her – brachte bayerische Begabung auf irgend einem Gebiet und ein intensiver Arbeitseinsatz nicht überall wohlwollende Freunde. Und wenn zusätzlich im lokalen Arbeitsbereich auch nur ein einziger Kollege vorhanden ist, der beharrlich und erfinderisch jahrzehntlang unterminiert und intrigiert, so bedeutet das eine der schwersten

Belastungen für einen Pionierposten, der sich erstmals durchzusetzen hat.

Meine Tätigkeit im Rahmen der neugeschaffenen Stelle einer Polizeibeamtin (ich war nicht der Kripo, sondern dienstunmittelbar unterstellt) wurde auch in der Ortspresse lebhaft bejahend begrüßt und fand hier laufend Anerkennung.

Als 1929 Oberbürgermeister Dr. Hipp das von ihm persönlich geführte Polizeireferat an den bayerischen Staat übergab, hatte er „am Samstag vormittag, den 23. März, die Presse unserer Stadt ins Polizeiamt geladen", wo er „über die Entwicklung der Regensburger Polizei seit 1914 sprach", die er „zu einer vorbildlichen Höhe" geführt hatte. Er ließ mich damals selber vor der Presse über meine Arbeit referieren als seiner „letzten Neuerung in der Personalbesetzung 1926/27."

Dr. Hipp schrieb später einmal, als auch das Dritte Reich schon zu Ende gegangen war:

„Gewissermaßen zum Abschluß der polizeilichen Aufbauarbeit wurde als erste und auf Jahre hinaus einzige weibliche Kriminalbeamtin in Bayern Fräulein R a t h s a m vom Jugendamt weg ins Polizeireferat überwiesen, weil sie die b e s t e n fachlichen und charakterlichen Vorbedingungen dazu mitbrachte. Nicht nur bis zur Verstaatlichung der Polizei, also während der Dauer meiner Dienstaufsicht, sondern wie ich auch später wiederholt mit großer Anerkennung zu hören bekam, hat sich Fräulein R a t h s a m als Kriminalbeamtin bestens bewährt. Sie stand bei allen Behörden, nicht zuletzt bei der Staatsanwaltschaft, in hohem Ansehen, ist auf verschiedenen Tagungen hervorgetreten und war geschätzte Mitarbeiterin bei den kriminalistischen Monatsheften. Sie hat die Eignung für eine gehobene Stellung im Kriminalpolizeiwesen unbedingt gehabt. Ihre persönliche Zuverlässigkeit steht außer allem Zweifel. Sie hat sich als absolut offener, gerader und aufrechter Charakter erwiesen, von einer Grundsatzfestigkeit, an der sich mancher ihrer männlichen Kollegen hätte ein Beispiel nehmen können."

Er meinte damit wohl die Zeit nach 1933, als das Dritte Reich ihn als aufrechten Mann verjagte und auch ich mir meine Persönlichkeit nicht zu Gunsten einer Karriere zerbrechen ließ.

In der Zwischenzeit von 1929 bis 1933 war Polizeidirektor Bernreuther an Stelle von Hipp mein Vorgesetzter, der nicht allzuviel Verständnis für die WKP mitbrachte, aber doch die dienstlichen Leistungen schätzte.

Im bayerischen Innenministerium dagegen hatte sich an Hand meiner Arbeit bei einem maßgeblichen Herrn die Aufgeschlossenheit für die WKP bereits durchgesetzt.

Weibliche Polizei.   Berlin,den 14.Juli 1933.

        An alle Dienststellenleiterinnen der Weiblichen Polizei

            der Deutschen Länder.
            Frau *Grete. Rathsam*

                    .... *Regensburg*

                            Schottmufr. 7. [II]

            Sie werden alle in den letzten Wochen und Monaten die
Notwendigkeit eines engen Zusammenschlusses unserer gesamten Berufsgruppe empfunden haben,der uns die Möglichkeit gibt,uns in die nationa-
le Aufbauarbeit aktiv einzugliedern. Auf Anregung und im Einvernehmen
mit Frau Kriminalrätin W███████   haben wir Gelegenheit genommen,
mit der " D e u t s c h e n   F r a u e n f r o n t " hier,Leipzigerstr.
3, Fühlung zu nehmen. Um dort Anschluss gewinnen zu können,ist es nötig
eine Berufsgruppe " Weibliche Polizei " für das ganze Reich zu bilden,
der, wie wir es uns nicht anders denken können,jede Polizeibeamtin an-
gehören will. Die Unkosten werden,wie uns versichert wurde,monatlich
5 Pfg. nicht übersteigen. Die Frauenfront hat uns angewiesen,zu aller-
erst einen Vorstand und vor allem eine Vorsitzende zu benennen.
Die Vorsitzende muss bereits Anfang August an einer wichtigen Sitzung
der Frauenfront in Berlin teilnehmen.
        Wir bitten daher umgehend um Ihre Vorschläge :
            1. für die Vorsitzende,
            2. für den Vorstand.
Dabei ist zu berücksichtigen,dass für den Vorstand in erster Linie
Nationalsozialistinnen erwünscht sind.
Als Vorsitzende käme wohl nur eine Berlinerin in Betracht,die jederzeit
für die Frauenfront zu Besprechungen erreichbar ist.
Für den übrigen Vorstand erbitten wir Vorschläge aus Ihren Dienstbezir-
ken bezw. Ländern.
Zweckmässig ist eine Einigung jeder Dienststelle - bezw. jedes Landes-
auf je einen bestimmten Vorschlag vorzunehmen. Es wird nochmals darauf
hingewiesen,dass grösste Eile geboten ist. Antwort wird bis zum 2o.7.33
erbeten.

Nachschrift:
        Wir Berliner haben inzwischen eine Sitzung gehabt,in der wir
uns als Berliner Ortsgruppe einstimmig für Frau Kriminalrätin W████
entschieden haben. Wir würden es begrüssen,wenn Sie Sich uns darin an-
schliessen könnten. Eventuelle Einwendungen oder andere Vorschläge erbitten wir unbedingt bis 2o.7.33 an folgende Adresse :

        H████   S█████████   , Berlin ██████████████ .

                            58

Doch dann kam Anfang 1933 des Dritte Reich. Bernreuther wurde abgesetzt. An seiner Stelle tauchten vorübergehend Namen auf wie Prohaska, Oberst Hofmann, u.a., die sehr bald die Suche wieder nach einem Fachjuristen notwendig machten. Dabei wurde nach dem bisherigen Regierungsrat Fritz Popp bei der Regierung von Ober- und Mittelfranken in Ansbach gegriffen, dessen „bisheriges Arbeitsgebiet sich mit dem einer Polizeidirektion weitgehend deckte", sodaß ein bloßer Austausch der beiden Juristen Bernreuther (er kam nach Ansbach) und Popp (er kam am 10.4.1933 als Polizeidirektor nach Regensburg) möglich war, obwohl Popp so wenig wie Bernreuther bei der Partei war. Es wurde denn auch sehr bald - wie allgemein bekannt - Sonderkommissar Breitenbach (natürlich kein Fachmann) als Nachfolger von Popp ausersehen. Doch bei den ohnedies „verfahrenen Regensburger Verhältnissen" blieb trotzdem der Jurist.

Mit Popp kam für mich wieder ein für die Notwendigkeit weiblicher Kriminalarbeit von vorne herein aufgeschlossener Vorgesetzter, der die Linie von Dr. Hipp bewußt fortsetzte. Er war ein Jurist alter Schule, der sich auch politisch nicht unter Druck setzen ließ. Als der damalige Krimialsekretär (früher Schutzmann) Josef Kainz „bereits in den ersten Tagen nach dem Amtsantritt" von Polizeidirektor Popp bei diesem vorsprach um mehrere Beamte - darunter auch mich - als untragbar für einen nationalsozialistischen Beamtenkörper hinzustellen, wurde dies von Popp nur zur „entsprechenden" Kenntnis genommen. Gegen den in die politische Abteilung neu hereingesetzten Fachschaftsführer (bisher Wachtmeister) Johann Bauer wehrte sich Popp ganz energisch mit der Bemerkung: „Der macht mir ja meine besten Beamten kaputt!"

Mir zeigte Popp die politische Disqualifikation des Bauer, mit der dieser meine anstehende Beförderung zerschlagen hatte: Ich sei kirchenhörig, verkehre in anti-nat.soz Kreisen, sei mit Jüdinnen, Geistlichen und Klosterschwestern bekannt, schreibe an katholischen und jüdischen Verlagen, was von Kainz an Hand von Zeitschriften mit literarischen Beiträgen von mir belegt wurde.

Der Landeskulturwalter
Gau Bayerische Oftmark
Landesleiter für
Schrifttum
Aktenzeichen: A/Rie/667/39

Betrifft: Aufnahmeantrag in die RSK.

Bayreuth, den 2. I. 1939.
Wölfelstr. 4/II / Schließfach 56
Fernruf 1402, 1403, 1480
Bayer. Staatsbant, Bayreuth, Konto Nr. III

Fräulein

Berta Rathsam

R e g e n s b u r g
Luitpoldstr. 4/I

Ihr Antrag vom 29. 11. 38., wurde mir von der Reichsschrifttumskammer in Berlin zur Erledigung übergeben. In der Anlage
übersende ich Ihnen zu Ihrer Unterrichtung die Amtliche Be-
kanntmachung der Reichsschrifttumskammer über die Erfassung
der schriftstellerisch Tätigen. Sollten Sie eine größere
schriftstellerische Arbeit veröffentlichen wollen, dann bit-
te ich Sie, Ihren evt. Antrag auf Ausstellung eines Befrei-
ungsscheines bei mir zu stellen.

Heil Hitler!
Gez. B. Lochmüller   Beglaubigt:
Landesleiter der Reichs-
schrifttumskammer

1 Anlage

Alle Zuschriften sind ausschließlich an den Landeskulturwalter zu richten.

Ich habe unter Popp auch nicht ein einziges Mal auf Kosten der Gerechtigkeit ein politisches Zugeständnis gemacht. Meine ganzen Dienstjahre unter ihm - mehr als ein Jahrzehnt - stellte er sich gegen alle Angriffe, denen ich - hauptsächlich nun politischer Art - auf meinem Weg als Pionierin zu begegnen hatte.

Erst als Popp nicht mehr mein Vorstand war (weil die Abteilung Kriminalpolizei in eigenständige Regie genommen wurde) und der bisherige Klosterpater Dr. Teichmann (mit dem römischen theologischen Dr., also kein Fachmann) als Leiter der Regensburger Kripo vom Reichs- sicherheitshauptamt Berlin kam, legte ich am 24.4.44 meine Arbeit nieder u. zwar gemeinsam mit einer jungen Mitarbeiterin. Unter Teichmann habe ich keine vier Wochen gearbeitet.

Aktenzeichen:

Sg. .... 250 /4 4

1 c Sg. .... 784 /4 4

Es wird ersucht, bei allen Eingaben
obige Aktenzeichen anzugeben.

Fernsprecher: 6 12 41

Sondergericht

Zeugenladung

An ~~Herrn~~ – Frau – Fräulein **Rathsam, Krim.Obersekretärin,**

Regensburg, Luitpoldstr. 4/I.

In der Strafsache gegen ▓▓▓▓▓▓▓▓▓▓▓ **, Privatier**
in Straubing und 1 Anderer,

wegen **fortgesetzten Verbrechens der Unzucht mit Kindern**

werden Sie als Zeuge auf **Dienstag, 5.September 1944, 9 Uhr**

vor das Sondergericht für den Bezirk des Oberlandesgerichts Nürnberg
Sitzungssaal des ehemaligen Sondergerichtsgebäudes
in Straubing

zur Hauptverhandlung geladen und zu pünktlichem Erscheinen aufgefordert.

Zugleich werden Sie auf die gesetzlichen Folgen des Ausbleibens hingewiesen. Die Vorschriften der Strafprozeßordnung hierüber sind auf der Rückseite dieser Ladung abgedruckt.

Die Ladung wollen Sie mitbringen, weil nur gegen ihre Vorzeigung Zeugengebühren ausgezahlt werden.

Bei größerer Entfernung Ihres Aufenthaltsortes oder nachgewiesener Mittellosigkeit können Sie die Zahlung eines Reisekostenvorschusses beantragen, und zwar bei der Staatsanwaltschaft Nürnberg-Fürth, in dringenden Fällen bei dem Amtsgerichte ihres Aufenthaltsortes. Mittellosigkeitsbescheinigung der Ortspolizeibehörde ist vorzulegen, bei Antragstellung an das Amtsgericht Ihres Aufenthaltsortes auch die Zeugenladung.

Falls Sie den Aufenthaltsort gewechselt haben oder ihn zum Termine wechseln werden, wollen Sie zur Vermeidung von Nachteilen bei Festsetzung der Gebühren dem Gericht unverzüglich Ihre neue Anschrift genau mitteilen.

Jede Zuschrift ist mit der links oben angegebenen Nummer zu versehen.

Nürnberg, den 21. Aug. 1944

Auf Anordnung des Vertreters der Anklagebehörde:

Der Urkundsbeamte der Geschäftsstelle des Sondergerichts
für den Bezirk des Oberlandesgerichtes Nürnberg bei dem Landgerichte Nürnberg-Fürth:

Krügel , Justiz-Inspektor

**Wichtig für Zeugen die Gebühren usw.
verlangen.**

Zwecks reibungsloser Berechnung der Zeugengebühren empfiehlt sich mitzubringen:
1. Nachweis des Arbeitgebers über erfolgenden Lohnabzug, insbesondere auch die Höhe desselben.
2. Nachweis über die für ein Nachtquartier gemachten Auslagen.
3. Eisenbahnfahrkarte.
(Die Bahn beläßt diese Karten auf Verlangen in den Händen des Reisenden.)

Sollten Sie nach auswärts verreisen oder verreist sein, sodaß Sie zum Termin eigens nach Nürnberg zurückkehren müßten, wollen Sie dies unverzüglich anher mitteilen, da Ihnen sonst die Reisekosten **nicht ersetzt werden könnten.**

1452